낭독하는 명작동화

Level 1

# The Enormous Turnip

＊‣ 커다란 순무 ‣＊

새벽달(남수진) • 이현석 지음

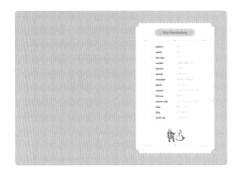

명작동화를 읽기 전에 스토리의 **핵심 단어**를
확인해 보세요. 내가 알고 있는 단어라면 체크
표시하고, 모르는 단어는 이야기를 읽은 후에 체크
표시해 보세요.

Level 1의 영어 텍스트 수준은 책의 난이도를
측정하는 레벨 지수인 **AR(Accelerated
Reader) 지수 0.9~1.5 사이**로 **미국 초등
학생 1학년 수준**으로 맞추고, 분량을 **500단어
내외**로 구성했습니다.

쉬운 단어와 간결한 문장으로 구성된 스토리를
그림과 함께 읽어 보세요. 페이지마다 내용 이해를
돕는 그림이 있어 상상력을 풍부하게 해 주며,
이야기를 더욱 재미있게 읽을 수 있습니다.

이현석 선생님의 **강세와 청킹 가이드**에 맞춰
명작동화를 낭독해 보세요.

한국어 번역으로 내용을 확인하고 **우리말 낭독**을
하는 것도 좋습니다.

# This Book

## Storytelling

명작동화의 내용을 떠올릴 수 있는 **8개의 그림**이 준비되어 있습니다. 각 그림당 제시된 **3개의 단어**를 활용하여 이야기를 만들고 말해 보세요. 상상력과 창의력을 기르는 데 큰 도움이 될 것입니다.

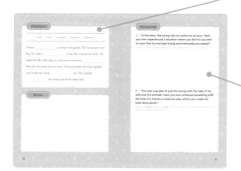

## Summary

명작동화의 **줄거리 요약문**이 제시되어 있습니다. 빈칸에 들어갈 단어를 채워 보며 이야기의 내용을 다시 정리해 보세요.

## Discussion

명작동화의 내용을 실생활에 응용하거나 비판적으로 생각해 볼 수 있는 **토론 질문**으로 구성했습니다. 영어 또는 우리말로 토론하며 책의 내용을 재구성해 보세요.

## 픽처 텔링 카드

특별부록으로 **16장의 이야기 그림 카드**가 맨 뒷장에 있어 한 장씩 뜯어서 활용이 가능합니다. 순서에 맞게 그림을 배열하고 이야기 말하기를 해 보세요.

QR코드 영상을 통해 새벽달님과 이현석 선생님이 이 책을 활용하는 가장 좋은 방법을 직접 설명해 드립니다!

# Contents

# The Enormous Turnip

✦⫶• 커다란 순무 •⫶✦

# Key Vocabulary

- [ ] **plant**      심다
- [ ] **seed**      씨앗
- [ ] **turnip**      순무
- [ ] **water**      (식물에) 물을 주다
- [ ] **shout**      소리치다
- [ ] **stuck**      꼼짝하지 않는
- [ ] **wonder**      생각하다, 궁금하다
- [ ] **bark**      (개가) 짖다
- [ ] **meow**      (고양이가) 야옹 하고 울다
- [ ] **brave**      용감한
- [ ] **come out**      (붙어 있던 곳에서) 빠지다
- [ ] **pop**      불쑥 나타나다
- [ ] **joy**      기쁨, 즐거움
- [ ] **pick up**      ~을 들어 올리다

There once was a man.

He lived with his wife.

They lived in a small village.

They had a beautiful garden.

One day, the man planted a seed.

It was a turnip seed.

"Grow big, turnip," he said.

The man watered it.

Sometimes, the rain watered it.

The sun shined warmly.

The seed grew every day.
Many weeks went by.

The man went to the garden.
The turnip was big.
But it grew and grew.

Now, it was huge!

"Look!" said the man.

"Our turnip is so big!"

"Let's pull it out," his wife said.

The man grabbed the turnip.
He pulled very hard.
But it did not move.

"It is too big!" he shouted.
He pulled again.
Still, the turnip did not move at all.

'I need help,' he thought.
He asked his wife for help.

"Can you help me?" he asked.
"Of course," she said.
His wife came.

Together, they pulled.
They pulled and pulled.
But the turnip was still stuck.

"It is very strong!" the man's wife shouted.

She and her husband tried one more time.

They held on tight.

They pulled together.

But the turnip did not move.

"Let's try again," said the man.

They pulled again.

But the giant turnip did not move at all.

It was stuck in the ground.
"We need more help," said the man.
"You are right," said his wife.
They looked for help.

'Who can help?' the man wondered.

He saw their dog.

It was running.

The dog was big and strong.

"Can you help?" the man asked.

The dog barked. It was happy.

The dog held the man's wife.
She held her husband.
All together, they pulled the turnip.
They pulled hard.
But it did not move.

"Oh no," said the man.

He looked around again.

He saw their cat.

It was sleeping.

The cat was small but quick.

"Can you help?" he called.

The cat meowed.

The cat held the dog.
The dog held the man's wife.
She held her husband.
They all pulled the turnip.
They pulled and pulled.
But the turnip did not move at all.

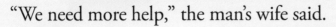

"We need more help," the man's wife said.

They saw a mouse.

It was climbing a tree.

The mouse was tiny but brave.

"Can you help?" they asked.

The mouse nodded.

It wanted to help.

The mouse held the cat.
The cat held the dog.
The dog held the man's wife.
She held her husband.
Everyone pulled the turnip.

Suddenly, the turnip came out!
It popped out of the ground.
Everyone jumped with joy.

They laughed and laughed.
Finally, the turnip was out!
It was very big and purple.
"Wow, it is so big!" the man shouted.

They were all happy.

They all worked together.

"Thank you, everyone," the man said.

His wife smiled.

They picked up the turnip.

It was very heavy.

They took the turnip inside.

They put it on the table.

They cooked the big turnip.

It was time to eat.

The food was delicious.

They ate for many days.

They talked about the turnip.

They smiled and laughed.

Everyone was happy.

### ◆ The Enormous Turnip

There **once** was a **man**.
He **li**ved **/** with his **wi**fe.
They lived **/** in a **small vil**lage.
They had a **beau**tiful **gar**den.

**One** day, **/** the **man** planted a **seed**.
It was a **tur**nip **seed**.
"**Grow** big, **tur**nip," **/** he said.
The **man /** **wa**tered it.
**So**metimes, **/** the **rain wa**tered it.
The **sun /** **shined warm**ly.

The **seed /** **grew** every **day**.
**Ma**ny weeks **/** went **by**.
The **man /** **went** to the **gar**den.
The **tur**nip **/** was **big**.
But it **grew /** and **grew**.

**Now**, **/** it was **hu**ge!
"**Look**!" **/** said the **man**.
"Our **tur**nip **/** is **so big**!"
"**Let's** pull it **out**," **/** his **wi**fe said.

### ◆ 커다란 순무

옛날에 한 남자가 있었습니다.
남자는 자신의 아내와 함께 살았습니다.
그들은 작은 마을에서 살았습니다.
그들에게는 아름다운 밭이 있었어요.

어느 날, 남자는 씨앗 하나를 심었습니다.
그것은 순무 씨앗이었어요.
"크게 자라거라, 순무야." 남자가 말했습니다.
남자는 순무에 물을 주었습니다.
때때로, 비가 순무에 물을 주기도 했습니다.
햇살이 따스하게 비쳤습니다.

씨앗은 매일 자라났습니다.
여러 주가 지나갔어요.
남자는 밭으로 갔습니다.
순무는 매우 컸습니다.
하지만 순무는 자라고 또 자랐습니다.

이제, 순무는 거대했어요!
"봐요!" 남자가 말했습니다.
"우리 순무가 아주 커요!"
"순무를 뽑읍시다." 그의 아내가 말했습니다.

The **man** / **grab**bed the **tur**nip.
He **pull**ed very **hard**.
But it did **not** / **mo**ve.

"It is **too big**!" / he **shout**ed.
He **pull**ed a**gain**.
**Still**, / the **tur**nip did **not move** at **all**.

'I **need help**,' / he **thought**.
He **ask**ed his **wife** / for **help**.
"Can you **help** me?" / he asked.
"Of **cour**se," / she said.
His **wife ca**me.

To**ge**ther, / they **pull**ed.
They **pull**ed / and **pull**ed.
But the **tur**nip / was **still stuck**.

"It is **very strong**!" / the **man**'s **wife shout**ed.
She and her **hu**sband / **tried one** more **time**.
They held **on** / **tight**.
They **pull**ed to**ge**ther.
But the **tur**nip / did **not move**.
"**Let's** try a**gain**," / said the **man**.
They **pull**ed a**gain**.
But the **giant tur**nip / did **not move** at **all**.

남자는 순무를 붙들었습니다.
그리고 아주 세게 당겼어요.
하지만 순무는 움직이지 않았습니다.

"순무가 너무 커요!" 남자가 소리쳤습니다.
남자는 다시 당겨 보았습니다.
여전히, 순무는 전혀 움직이지 있었습니다.

'나는 도움이 필요해.' 남자는 생각했습니다.
남자는 자신의 아내에게 도움을 요청했습니다.
"나 좀 도와 주겠소?" 그가 물었습니다.
"물론이죠." 아내가 말했습니다.
그의 아내가 왔습니다.

함께, 그들은 순무를 당겼습니다.
그들은 당기고 또 당겼습니다.
하지만 순무는 여전히 꼼짝도 하지 않았어요.

"순무가 아주 질긴데요!" 남자의 아내가 소리쳤습니다.
그녀와 그녀의 남편은 다시 한번 시도해 보았습니다.
그들은 꼭 붙들었어요.
그리고 함께 당겼습니다.
하지만 순무는 움직이지 않았어요.
"다시 도전해 봅시다." 남자가 말했습니다.
그들은 다시 당겼어요.
하지만 거대한 순무는 전혀 움직이지 않았습니다.

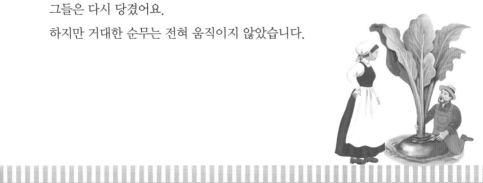

It was **stuck** / in the **ground**.

"We **need** more **help**," / said the **man**.

"You are **right**," / said his **wi**fe.

They **look**ed for **help**.


'**Who** can **help**?' / the **man won**dered.

He **saw** their **dog**.

It was **run**ning.

The **dog** / was **big** and **strong**.

"Can you **help**?" / the **man** asked.

The **dog bark**ed. / It was **hap**py.


The **dog** / **held** the man's **wi**fe.

She **held** her **hu**sband.

**All** together, / they **pull**ed the **tur**nip.

They **pull**ed **hard**.

But it did **not** / **move**.


"Oh **no**," / said the man.

He looked a**round** / a**gain**.

He **saw** their **cat**.

It was **sleep**ing.

The **cat** was **small** / but **quick**.

"Can you **help**?" / he called.

The **cat** me**ow**ed.

순무는 땅에서 꼼짝도 하지 않았습니다.
"우리는 도움이 더 필요해요." 남자가 말했습니다.
"당신 말이 맞아요." 그의 아내가 말했습니다.
그들은 도움을 찾아 나섰어요.

'누가 도와줄 수 있을까?' 남자는 생각했습니다.
그는 그들의 개를 보았습니다.
개는 달리고 있었습니다.
개는 크고 힘이 셌습니다.
"네가 도와줄 수 있겠니?" 남자가 물었어요.
개가 짖었습니다. 개는 행복했어요.

개는 남자의 아내를 붙들었습니다.
남자의 아내는 자신의 남편을 붙들었어요.
모두 함께, 그들은 순무를 당겼습니다.
그들은 세게 당겼습니다.
하지만 순무는 움직이지 않았어요.

"오, 이런." 남자가 말했습니다.
남자는 다시 주위를 둘러보았습니다.
그는 그들의 고양이를 보았어요.
고양이는 자고 있었습니다.
고양이는 작았지만 재빨랐어요.
"네가 도와줄 수 있겠니?" 남자가 불렀어요.
고양이는 야옹 소리를 냈습니다.

The **cat** / **held** the **dog**.

The **dog** / **held** the man's **wife**.

She **held** her **hu**sband.

They **all** / **pull**ed the **tur**nip.

They **pull**ed / and **pull**ed.

But the **tur**nip / did **not move** at **all**.


"We **need** more **help**," / the man's **wife** said.

They **saw** a **mou**se.

It was **climb**ing a **tree**.

The **mou**se was **ti**ny / but **bra**ve.

"Can you **help**?" / they asked.

The **mou**se / **nod**ded.

It **want**ed to **help**.


The **mou**se / **held** the **cat**.

The **cat** / **held** the **dog**.

The **dog** / **held** the man's **wife**.

She **held** her **hu**sband.

**E**veryone / **pull**ed the **tur**nip.


**Sud**denly, / the **tur**nip came **out**!

It popped **out** / of the **ground**.

**E**veryone / **jump**ed with **joy**.

고양이는 개를 붙들었습니다.
개는 남자의 아내를 붙들었습니다.
남자의 아내는 자신의 남편을 붙들었어요.
그들은 모두 순무를 당겼습니다.
그들은 당기고 또 당겼습니다.
하지만 순무는 전혀 움직이지 않았습니다.

"우리는 도움이 더 필요해요." 남자의 아내가 말했습니다.
그들은 쥐 한 마리를 보았습니다.
쥐는 나무를 오르고 있었습니다.
쥐는 자그마했지만 용감했어요.
"네가 도와줄 수 있겠니?" 그들이 물었습니다.
쥐는 고개를 끄덕였습니다.
쥐는 돕고 싶었어요.

쥐는 고양이를 붙들었습니다.
고양이는 개를 붙들었습니다.
개는 남자의 아내를 붙들었습니다.
남자의 아내는 자신의 남편을 붙들었어요.
모두가 순무를 당겼습니다.

갑자기, 순무가 뽑혔습니다!
순무가 땅에서 튀어나왔어요.
모두가 기뻐서 폴짝 뛰었습니다.

They **laugh**ed **/** and **laugh**ed.
**Fi**nally, **/** the **tur**nip was **out**!
It was **ve**ry **big /** and **pur**ple.
"**Wow**, **/** it is **so big**!" **/** the man **shout**ed.

They were **all / hap**py.
They **all /** worked to**ge**ther.
"**Thank** you, **/** **e**veryone," **/** the man said.
His **wife smi**led.

They picked **up /** the **tur**nip.
It was **ve**ry **hea**vy.
They **took** the **tur**nip **/** in**side**.
They **put** it **/** on the **ta**ble.

They **cook**ed the big **tur**nip.
It was **time /** to **eat**.
The **food** was de**li**cious.
They **ate /** for **ma**ny days.
They **talk**ed about the **tur**nip.
They **smi**led **/** and **laugh**ed.
**E**veryone **/** was **hap**py.

그들은 웃고 또 웃었습니다.
마침내, 순무가 뽑혔어요!
순무는 아주 크고 보라색이었습니다.
"와, 이 순무는 정말 크군!" 남자가 소리쳤어요.

그들은 모두 행복했습니다.
그들은 모두 함께 애를 썼으니까요.
"고마워요, 모두." 남자가 말했습니다.
그의 아내는 미소를 지었어요.

그들은 순무를 들어올렸습니다.
순무는 매우 무거웠습니다.
그들은 순무를 집 안으로 가져갔어요.
그들은 순무를 식탁 위에 놓았습니다.

그들은 커다란 순무를 요리했습니다.
식사할 시간이 되었어요.
음식은 맛있었습니다.
그들은 여러 날 동안 순무를 먹었습니다.
그들은 순무에 대해 이야기했습니다.
그들은 미소를 짓고 웃음을 터뜨렸습니다.
모두가 행복했어요.

### Part 1 ◆ p.8~17

plant, turnip, water

grow, big, huge

grab, pull, stay

help, dog, strong

cat, quick, hold

mouse, brave, ask

pop, joy, laugh

inside, cook, delicious

## Summary

pull    help    cooked    popped    planted

A man _____ a turnip in his garden. The turnip grew very

big. He tried to _____ it out, but it would not move. He

asked his wife, their dog, cat, and even a mouse for _____.

But still, the turnip did not move. Everyone pulled very hard together

and finally the turnip _____ out. They happily

_____ the turnip and ate for many days.

## Memo

**1** ◆ In the story, the turnip did not come out at once. Have you ever experienced a situation where you did not succeed on your first try but kept trying and eventually succeeded?

이야기에서, 순무는 한 번에 뽑히지 않았어요. 첫 시도는 실패했지만 계속 도전해서 해낸 일이 혹시 있나요?

**2** ◆ The man was able to pull the turnip with the help of his wife and the animals. Have you ever achieved something with the help of a friend or someone else, which you could not have done alone?

남자는 아내와 동물들의 도움으로 순무를 뽑을 수 있었어요. 여러분도 혼자서는 도저히 할 수 없었는데, 친구나 다른 사람의 도움으로 뭔가를 해낸 적이 있나요?

낭독하는 명작동화 Level 1
The Enormous Turnip

**초판 1쇄 발행** 2024년 8월 1일

**지은이** 새벽달(남수진) 이현석 롱테일 교육 연구소
**책임편집** 강지희 | **편집** 명채린 홍하늘
**디자인** 박새롬 | **그림** 전지은
**마케팅** 두잉글 사업본부

**펴낸이** 이수영
**펴낸곳** 롱테일북스
**출판등록** 제2015-000191호
**주소** 04033 서울특별시 마포구 양화로 113, 3층(서교동, 순흥빌딩)
**전자메일** team@ltinc.net
롱테일북스는 롱테일㈜의 출판 브랜드입니다.


ISBN 979-11-93992-09-8 14740

The Enormous
Turnip

1

새벽달 X 이현석 낭독스쿨

The Enormous
Turnip

2

새벽달 X 이현석 낭독스쿨

The Enormous
Turnip

3

새벽달 X 이현석 낭독스쿨

The Enormous
Turnip

4

새벽달 X 이현석 낭독스쿨

The Enormous
Turnip

6

새벽달 X 이현석 낭독스쿨

The Enormous
Turnip

5

새벽달 X 이현석 낭독스쿨

The Enormous
Turnip

8

새벽달 X 이현석 낭독스쿨

The Enormous
Turnip

7

새벽달 X 이현석 낭독스쿨

The Enormous
Turnip

**10**

새벽달 X 이현석 낭독스쿨

The Enormous
Turnip

**9**

새벽달 X 이현석 낭독스쿨

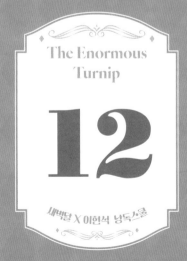

The Enormous
Turnip

**12**

새벽달 X 이현석 낭독스쿨

The Enormous
Turnip

**11**

새벽달 X 이현석 낭독스쿨

The Enormous
Turnip

**14**

새벽달 X 이현석 낭독스쿨

The Enormous
Turnip

**13**

새벽달 X 이현석 낭독스쿨

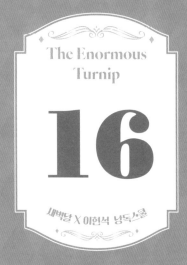

The Enormous
Turnip

**16**

새벽달 X 이현석 낭독스쿨

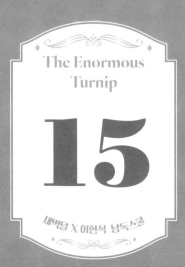

The Enormous
Turnip

**15**

새벽달 X 이현석 낭독스쿨